BOEKANALYSE

De mythe van Sisyphus

ALBERT CAMUS

BOEKANALYSE

Geschreven door Alexandre Randal
Vertaald door Nikki Claes

De mythe van Sisyphus

Albert Camus

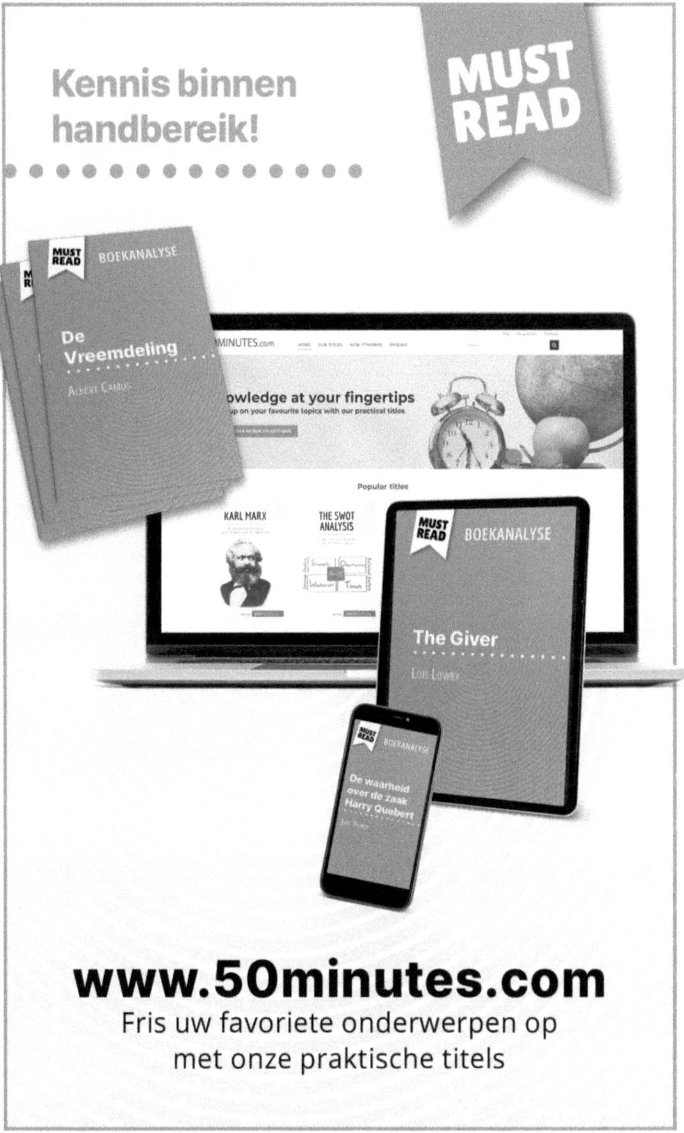
Kennis binnen handbereik!
MUST READ
MUST READ
BOEKANALYSE
De Vreemdeling
Albert Camus
owledge at your fingertips
Popular titles
KARL MARX
THE SWOT ANALYSIS
MUST READ
BOEKANALYSE
The Giver
Lois Lowry
MUST READ
BOEKANALYSE
De waarheid over de zaak Harry Quebert
www.50minutes.com
Fris uw favoriete onderwerpen op
met onze praktische titels

ALBERT CAMUS

FRANS SCHRIJVER EN FILOSOOF

- **Geboren in Mondovi (nu Dréan), Algerije in 1913.**
- **Overleden in Villeblevin (Frankrijk) in 1960.**
- **Opmerkelijke werken**:
    - *The Stranger* (1942), roman
    - *Caligula* (1945), toneelstuk
    - *The Plague* (1947), roman

Albert Camus werd geboren in Frans Algerije. Hij heeft zijn vader nooit ontmoet en bracht zijn jeugd door bij zijn moeder in Algiers. Hoewel zijn gezondheidsproblemen zijn studie aan de universiteit aanzienlijk bemoeilijkten (hij leed aan tuberculose), slaagde hij er toch in een graad in de filosofie te behalen. Vervolgens begon hij een carrière in de politieke journalistiek (hij werd lid van de Communistische Partij en ging werken voor het dagblad *Alger républicain*), voordat hij naar Parijs vertrok. Toen de Tweede Wereldoorlog (1939-1945) uitbrak, sloot hij zich aan bij de verzetsbeweging in Parijs en ontmoette hij Jean-Paul Sartre (Frans schrijver en filosoof, 1905-1980), met wie hij bevriend raakte. Na de bevrijding werd hij hoofdredacteur van de verzetskrant *Combat*, waar ook Sartre werkte.

Gedurende zijn leven ontwikkelde Camus een existentialistische filosofie van het absurde, voortkomend uit het besef dat het leven geen zin heeft. Hij maakte optimaal gebruik van zijn talenten als schrijver om zijn filosofie te verspreiden via boeken, essays en toneelstukken. Camus' ideeën werden bewonderd en soms bekritiseerd, maar vonden na de publicatie van werken als *De vreemdeling* en *De pest* overal ter wereld weerklank.

Hij ontving de Nobelprijs in 1957 "voor zijn belangrijke literaire productie, die met scherpzinnige ernst de problemen van het menselijk geweten in onze tijd belicht" (Zweedse Academie). Hij stierf drie jaar later bij een auto-ongeluk.

DE MYTHE VAN SISYPHUS

EEN ESSAY OVER HET ABSURDE

- **Genre**: essay

- **Referentie-uitgave**: Camus, A. (1955) *De mythe van Sisyphus: En andere essays*. Trans. O' Brien, J. New York: Vintage Books.

- **1ste druk**: 1942 (eerste Engelse vertaling verscheen in 1955)

- **Thema's**: existentialisme, de absurde mens, zelfmoord, de zin van het leven, mythologie

De Mythe van Sisyphus is een essay over het absurde. Het maakt deel uit van Camus' cyclus van het absurde, die samen met de roman *De vreemdeling* en de toneelstukken *Caligula* en *Het misverstand* aan zijn cyclus van opstand voorafging.

De Mythe van Sisyphus suggereert dat zelfmoord een overweging wordt wanneer de mens de absurditeit van de wereld inziet, dat wil zeggen dat het bestaan zonder enige betekenis is. Volgens Camus zou zelfmoord, hoewel het het probleem niet oplost, een einde maken aan de strijd van de mens met de wereld. Juist in de zinloosheid van de wereld is de zin van ons bestaan te vinden.

Sisyphus, de Griekse mythologische held die veroordeeld is tot het oprollen van een rotsblok op een berg die steeds weer naar beneden rolt, is voor Camus het beeld van de menselijke conditie. Volgens de schrijver moet de mens dit lot waardig tegemoet treden, omdat hij in het absurde gelukkig kan leven als hij dat in volle bewustzijn doet.

SAMENVATTING

"Maar op een dag duikt het "waarom" op en begint alles in die met verbazing getinte vermoeidheid" (p. 13). Camus legt uit dat het individu zich op dat moment bewust wordt van het verstrijken van de tijd, de vreemdheid van de wereld, haar primitieve vijandigheid en ook het mechanische karakter van zijn handelingen: hij merkt dat de hele wereld leeft zonder zich bewust te zijn van de dood. Op intellectueel niveau merkt de mens dat hij volledig sceptisch staat tegenover zijn kennis van de wereld en van zichzelf. Daarom begint hij zich af te vragen "of het leven wel de moeite waard is of niet" (p. 3).

Terwijl hij piekert over de zinloosheid van het bestaan en de nutteloosheid van het dagelijkse menselijke leven, komt Camus tot een definitie van het absurde: het is de mens die "de herinnering aan een verloren thuis of de hoop op een beloofd land" (p. 6) wordt ontzegd. Via deze bijbelse metafoor impliceert hij dat het is alsof de mens verbannen is uit zijn eigen thuisland, uit een verloren paradijs: hij is een vreemdeling in zijn omgeving. Het absurde verwijst dus naar het gevoel van vreemdheid dat de mens voelt ten opzichte van de wereld waarin hij leeft. Maar moet hij de absurditeit van het leven ontvluchten met hoop of met zelfmoord?

Vervolgens analyseert de auteur een reeks existentialistische filosofieën die de rede aanvallen en zich richten op een religieuze manier van denken, zoals die van Søren Kierkegaard (1813-1855), Edmund Husserl (1859-1938), Lev Shestov

(1866-1938), Karl Jaspers (1883-1969) en Martin Heidegger (1889-1976). De auteur is van mening dat zij in de goede richting beginnen, maar vervolgens eindigen met wat hij filosofische zelfmoord noemt, waarmee hij de vlucht naar religie bedoelt. Voor de existentialistische filosoof Sjestov bijvoorbeeld is de rede weliswaar zinloos, maar er is iets voorbij: hij pleit daarom voor een sprong in het irrationele. Camus daarentegen weigert deze gedachtegang te aanvaarden en beroept zich op een God die alleen zou kunnen bestaan door de menselijke rede te ontkennen.

Volgens Camus is de mens door het zoeken naar een zin van het bestaan buiten de menselijke conditie niet in staat vrijheid te begrijpen, omdat vrijheid hem door een hoger wezen zou worden gegeven. In plaats van zich tot religie te wenden, pleit hij voor opstand. Met opstand bedoelt Camus het handhaven van de scheiding tussen de wereld en de menselijke geest door ons voortdurend bewust te zijn van het feit dat we in het absurde leven. Het is de enige coherente filosofische positie. Deze constante aanwezigheid van de mens voor zichzelf, dit constante bewustzijn, maakt zelfmoord dus onmogelijk. Geconfronteerd met zelfmoord leert de mens dat er geen morgen is en dat hij vrij is. Zo laat het absurde hem zoveel mogelijk ervaren, terwijl het hem tegelijkertijd leert dat alle ervaringen zinloos zijn: ze zijn allemaal even belangrijk, omdat geen enkele ervan betekenis heeft.

Het absurde heeft drie gevolgen: passie, vrijheid en opstand. Camus geeft daarom de voorkeur aan drie houdingen die zijn aanbevolen manier van leven illustreren:

- **Don Juanisme**. Don Juan geloofde niet in een diepe betekenis van de dingen: hij wist dat liefde zowel uniek als vluchtig is.

- **Drama**. Een acteur leeft in het heden en kan zichzelf veranderen. Dankzij hun rollen kunnen zij verschillende personages belichamen. Ze zijn voorbestemd om verstrooid te zijn, want ze hebben gekozen voor "overal" in plaats van "altijd" en de eeuwigheid.

- **Verovering**. De veroveraar of de avonturier weet dat actie op zich zinloos is. Inderdaad, niets is blijvend in een verovering, want aan het eind is er altijd de dood; Prometheus, die oorlog voerde met de goden, was de eerste moderne veroveraar: "Ja, de mens is zijn eigen einde. En hij is zijn enige doel. Als hij iets wil zijn, dan is dat in dit leven" (p. 88).

De minnaar, de acteur en de avonturier spelen de rol van het absurde: zij zijn zich ervan bewust en leven in het volle bewustzijn van dit feit. De schepper (de kunstenaar) is echter de meest absurde van de personages.

Het scheppen van een werk is volgens Camus een unieke kans om zijn bewustzijn van het universum in stand te houden. Het toppunt van absurdistische vreugde is dus de schepping. Het is de "grote mime" (p. 94), de "buitensporige mime onder het masker van het absurde". De creatie van fictie kan echter dezelfde dubbelzinnigheden creëren als bepaalde filosofieën en ontsnappen in het irrationele. Het echte kunstwerk kan dus altijd door mensen gemeten worden, het beoogt niet eeuwig te zijn. De schepping leert geduld en scherpzinnigheid. In feite getuigt de koppige opstand van de mens tegen zijn toestand en zijn volharding in een vergeefs streven van zijn waardigheid.

Kirilov, de held van de roman *Demonen* (1871) van Dostojevski (Russische romanschrijver, 1821-1881), gelooft dat hijzelf een god is als God niet bestaat, wat betekent dat hij volledig vrij is op aarde. Als deze "metafysische misdaad" (p. 108) voldoende is om de mens te vervullen, waarom dan nog zelfmoord toevoegen, vraagt Camus. In feite wil Kirilov de mens de weg wijzen. De tekst van Dostojevski raakt volgens Camus aan het absurde, maar is toch geen absurdistisch werk omdat de Russische auteur de lezer een antwoord geeft.

Campus ziet Sisyphus als de model absurdistische held: "Sisyphus keert terug naar zijn rots, in dat lichte draaien overdenkt hij die reeks ongerelateerde handelingen die zijn lot wordt, door hem gecreëerd, samengevoegd onder het oog van zijn geheugen en weldra bezegeld door zijn dood […] Men moet zich Sisyphus gelukkig voorstellen" (p. 123).

SISYPHUS, DE MYTHOLOGISCHE FIGUUR...

"En ik zag ook Sisyphus, gebonden aan zijn eigen marteling, zijn monsterlijke rotsblok vastgrijpen met beide armen, zwaaiend, handen worstelend, benen stuwend, hij bleef de rots omhoog duwen naar de rand, maar net als hij wankelde, op het punt stond om om te vallen – telkens weer zou het immense gewicht van het ding het terugdrijven en de meedogenloze rots zou binden en weer naar de vlakte tuimelen – dus opnieuw zou hij zwoegen, zou hij worstelen om het omhoog te duwen, het zweet doorweekt zijn lichaam, stof dwarrelt boven zijn hoofd" (Homerus, De Odyssee, p. 269).

Zo beschrijft Homerus (Griekse dichter uit de 5de eeuw voor Christus) Sisyphus, de zoon van koning Aeolus van Thessalië en Enarete. Hij had vier kinderen bij de nimf Merope. Sisyphus stichtte Ephyra (nu Korinthe) en organiseerde de eerste Isthmische Spelen, genoemd naar de Isthmus van Korinthe. Hij staat bekend om zijn sluwheid en bedrog, maar is het meest beroemd om de straf die de goden hem na zijn dood oplegden.

Op een dag, toen hij boven op de wachttoren van de citadel van Korinthe stond, was Sisyphus getuige van de ontvoering van de nimf Aegina door Zeus. Wanneer de riviergod Asopus, haar vader, naar Korinthe komt om haar te zoeken, vertelt Sisyphus hem wat hij gezien heeft. Later, nadat Zeus aan de toorn van Asopus is ontsnapt, stuurt de koning van de goden Sisyphus naar Hades, de god van de onderwereld, om hem te straffen. Thanotos, de personificatie van de dood, probeert Sisyphus' handen met kettingen vast te binden, maar Sisyphus beweert dat ze gebroken zijn. Sisyphus probeert ze vervolgens uit op Thanatos, die, nadat hij ontdekt dat hij gevangen zit, beseft dat de kettingen perfect werken. De doden maken gebruik van de situatie en ontsnappen uit de onderwereld, wat de goden al snel doorhebben. Ares, de god van de oorlog, krijgt de opdracht Thanatos te bevrijden en Sisyphus uit te leveren aan Hades. Wanneer hij gevangen wordt genomen, beveelt Sisyphus zijn vrouw hem niet de gebruikelijke offers aan te bieden die de doden krijgen voordat ze naar het hiernamaals vertrekken. In de onderwereld weet Sisyphus de goden ervan te overtuigen dat hij naar de aarde moet terugkeren om zijn vrouw te straffen, omdat zij zijn begraafplaats niet heeft voorbereid, en dat hij zal terugkeren zodra dit is gebeurd. Het plan werkt, en Sisyphus keert niet terug. De goden wachten daarom zijn dood af om hem te straffen. Schuldig aan het beledigen van de goden wordt hij naar Tartare, in de onderwereld, gebracht, waar hij wordt veroordeeld tot het rollen van een enorme kei naar de top van een berg. Het rotsblok blijft echter naar beneden vallen voordat het ooit de top bereikt, waardoor Sisyphus gedwongen wordt het voor eeuwig te rollen (Schmidt 1983, p. 252).

CONTEXT

DE INVLOED VAN HEDENDAAGSE FILOSOFEN

In het voorwoord van *De mythe van Sisyphus* schreef Camus: "Het is daarom niet meer dan billijk om in het begin aan te geven wat deze bladzijden te danken hebben aan bepaalde hedendaagse denkers" (p. 2).

In het eerste deel van het essay, getiteld "Een absurde redenering", noemt de auteur inderdaad verschillende hedendaagse filosofen die van de rede zijn afgedwaald. Hoewel Camus altijd heeft ontkend een filosoof te zijn, herinnert hij zich toch iets van elk begrip:

- Heidegger ziet de mens als in het bestaan geworpen en levend in zorgen en angst, omdat hij zich bewust is van de dood. Dit bewustzijn is de stem zelf van de angst en smeekt het bestaan om "terug te keren van zijn verlies in het anonieme Zij" (p. 24).

- Jaspers, die alle ontologie (de filosofie van het bestaan) uit het oog verliest, probeert de weg te vinden die leidt naar "goddelijke geheimen" (p. 25). Vanuit zijn ervaring van mislukking en menselijke onmacht raakt hij overtuigd "niet [van] de afwezigheid maar [van] het bestaan van transcendentie" (p. 33).

- Shestov bewijst dat het meest universele rationalisme uiteindelijk zal stuiten op de irrationaliteit van het menselijk denken. Hij verheerlijkt de menselijke opstand tegen de hopeloosheid zoals die wordt uitgebeeld door Shakespeare (Engels toneelschrijver, 1564-1616), Dostojevski, Ibsen (Noors toneelschrijver, 1828-1906) en Nietzsche (Duits filosoof, 1844-1900). "Wij wenden ons alleen tot God om het onmogelijke te verkrijgen. Voor het mogelijke volstaat de mens" (p. 34), schrijft Shestov. In feite ziet hij God als het absurde, want geloof in God vereist een ontkenning van de rede en een sprong in het irrationele.

- Kierkegaard leeft ook in het absurde en offert daarbij het intellect op.

- Husserl en andere filosofen van de fenomenologie (filosofen die verschijnselen en hoe ze verschijnen observeren en objectief beschrijven) herstellen de diversiteit in de wereld en ontkennen de transcendente macht van de rede. Denken betekent opnieuw leren zien door je open te stellen voor de intuïtie. De fenomenologie van Husserl weigert de wereld te verklaren en wil slechts een beschrijving zijn van de verschijnselen en het werkelijke leven. Volgens Camus is dit de triomf van de eeuwige rede, na de menselijke rede te hebben verlaten.

Deze grote geesten delen dus een ontkenning van de menselijke rede en een ontwijkende houding. Camus hekelt deze existentialistische houdingen.

ANALYSE

EEN FILOSOFISCH ESSAY SCHRIJVEN

Net als Montaigne (Franse schrijver, 1533-1592) wil Camus het denken vermengen met de stroom van het echte leven. Het essay is inderdaad een flexibele vorm die een soort persoonlijk commentaar op een of meer thema's inhoudt, waarin de persoonlijkheid van de auteur sterk aanwezig is, waardoor literair schrijven en filosofische reflectie samenkomen.

De essays van Camus hebben ook de volgende kenmerken:

- **Stilering:** "Grote stijl is onzichtbare stilering of liever gezegd vleesgeworden stilering" (Camus, *De Rebel*), verklaart Camus. Het gaat erom de werkelijkheid uit te leggen in de eigen stijl. Camus' stijl wil een serieuze waarheid bereiken die de mens ervaart: daarmee gaat hij verder dan abstracte filosofie. De symbolische voorstelling van de mens in Sisyphus of Prometheus is wat de auteur "de vleesgeworden stilering" noemt, omdat deze klassieke mythen een idee belichamen dat zijn punt illustreert.

- **Droogheid**: de zinnen zijn kort, de interpunctie is sterk en het heden wordt vaak gebruikt om algemene waarheden te beschrijven ("Veroveraars weten dat actie op zichzelf zinloos is", p. 87). Bovendien accentueert de opsomming van alledaagse, repetitieve handelingen de indruk van droogte die het schrijven overbrengt, en benadrukt tegelijkertijd het mechanische, absurde ritme van het menselijk bestaan: "Opstaan; tram, vier uur op kantoor of in de fabriek, maaltijd, tram…" (p. 12).

- **Onderstreept pathos**: de auteur zegt vaak "ik" ("Dat is waar ik struikel en me vastklamp", p. 87). Het gebruik van de eerste persoon enkelvoud zet de lezer aan tot nadenken en mediteren over wat hij heeft meegemaakt. Hiermee probeert Camus tot zijn lezer door te dringen en zijn publiek te bewegen, om een boodschap over te brengen die iedereen aangaat. Daartoe maakt hij ook gebruik van tegenstellingen, met het herhaalde gebruik van het voegwoord "maar", herhaalt hij bepaalde woorden in de hele tekst (het woord "veroveraar" wordt bijvoorbeeld vijf keer herhaald op evenveel bladzijden), en richt hij zich rechtstreeks tot de lezer ("Ga er echter niet van uit dat ik er plezier in heb", p. 87), waarbij hij hen betrekt terwijl hij zichzelf tot op zekere hoogte tegenhoudt.

 ## DE MYTHE VAN PROMETHEUS

In de Griekse mythologie was Prometheus (wat komt van het Griekse woord dat 'vooruitdenken' betekent) een titaan.

Prometheus en zijn broer Epimetheus (letterlijk 'nadenker') werden door de goden uitgekozen om goddelijke gaven te verdelen tussen mens en dier. Epimetheus voerde de taak zelf uit en gaf de dieren kracht, vaardigheid en snelheid. Toen de mens aan de beurt was, was er niets meer te geven. Prometheus besloot daarom het vuur te stelen en naar de aarde te brengen. Hij slaagde en zo leerde de mens, ondanks Zeus' woede, de technieken die nodig waren om te overleven en een beschaving te creëren.

Prometheus is de beschermer van de mensen. Op een dag, toen hij een koe aan de goden offerde, scheidde hij het dier in twee delen. Aan de ene kant legde hij de beste delen van het dier, bedekt met slachtafval en huid, en aan de andere kant legde hij de beenderen onder een laag smakelijk vet. Hij gaf Zeus de keuze tussen de twee stapels, maar de koning van de goden trapte niet in de truc. Woedend strafte hij Prometheus en bracht ongeluk over de mensheid in de vorm van Pandora (de eerste vrouw), als wraak op de mens.

Prometheus moest een vreselijke straf ondergaan: hij werd naakt aan het Kaukasusgebergte vastgemaakt, en elke dag kwam er een adelaar die zijn lever eruit scheurde, die dan weer aangroeide voordat hij er weer uitgepikt werd.

EXISTENTIALISME

De etymologie van de term "existentialisme" komt van het woord "bestaan". Op filosofisch niveau is het existentialisme een manier van denken die zich richt op het bestaan (het feit dat een ding of een wezen bestaat), in tegenstelling tot filosofieën die zich richten op de essentie (dat wil zeggen de eigenschappen die de aard van een ding of wezen vormen, onafhankelijk van het bestaan ervan).

Historisch en literair gezien is het existentialisme een filosofische stroming die meer belang hecht aan het bestaan dan aan de essentie. Het wordt vaak geassocieerd met het werk van Jean-Paul Sartre. Tussen 1943 en 1950 was het existentialisme in Frankrijk bijzonder populair.

Hoewel Camus deze term betwist (en liever de "filosofie van het absurde" gebruikt), is de invloed van het existentialisme nog steeds zichtbaar in zijn schrijven. Hij ontwikkelt de thema's van Emmanuel Mounier (Frans filosoof, 1905-1950) in zijn boek *Existentialist Philosophies – An Introduction* (1946), in het hoofdstuk "The Dramatic Conception of Human Existence", namelijk de machteloosheid van de rede, de contingentie van het mens-zijn (het bestaan van de mens is onnodig, dat wil zeggen dat hij bestaat, maar net zo goed niet had kunnen bestaan); de kwetsbaarheid, eenzaamheid, vervreemding en eindigheid van de mens; de urgentie van de dood en het niets.

Er moet echter onderscheid worden gemaakt tussen twee soorten existentialisme: het christelijk existentialisme van Gabriel Marcel (Frans filosoof en schrijver, 1889-1973) of Mounier, en het atheïstisch existentialisme van Sartre. Mounier, die ervoor waakt bestaan en waarheid met elkaar te verbinden, preciseert dat een "filosofie die zich bezighoudt met de menselijke staat altijd in zekere mate een filosofie is die zich bezighoudt met spiritualiteit" (Mounier, p. 113). Hij eindigt zijn essay met een hoofdstuk getiteld "The Kingdom of Being is in our Midst" waarin hij aantoont dat de transcendentie de kern van het bestaan vormt: de mens beweegt zich voortdurend in de richting van een "superwezen" dat inherent is aan het bestaan. Sartre daarentegen ontwikkelt een visie op de mens zonder vermelding van transcendentie. In zijn visie bestaat er geen individuele essentie; die wordt niet bepaald door de menselijke natuur. De mens wordt eerst geboren en ontstaat, en kiest dan in vrijheid wat hij wil zijn: zo is de mens niets anders dan zijn plan voor zichzelf en het geheel van zijn handelingen en zijn keuzes.

Camus gaat echter uit van de Nietzscheaanse premisse van de dood van God, van *Götterdämmerung,* wat "de Schemering van de Goden" betekent: "Sisyphus onderwijst de hogere trouw die de goden ontkent en rotsen doet rijzen" (p. 123). Met het gebruik van een beeld uit de mythologie introduceert Camus een kleine betekenisverandering tussen de oude goden en de christelijke God; hier komt de weigering van hoop vandaan, die subtiel verbonden is met de verwachtingen van het christendom. Inderdaad, als God dood is, dan is religie niets anders dan een vorm van ontwijking, een poging te ontsnappen aan het absurde – wat onmogelijk is.

DE ABSURDE MAN

De mens, gedoemd te sterven zonder hoop op redding, ontdekt zijn eindigheid. Zijn vragen hebben geen antwoorden en stuiten op een onverschillige, mogelijk vijandige natuur. Zijn tijd op aarde is beperkt tot zijn leven. Daarom moet hij dit gebrek aan toekomst compenseren met de kwantiteit en kwaliteit van zijn ervaringen. Daarom is zijn model de absurde mens die heeft leren leven in het volle bewustzijn van het absurde en voor wie de tijd niet bestaat, gewijd aan de korte intensiteit van het moment in de rol van de Don Juan, de acteur of de veroveraar.

Voor deze man staat de tijd stil, verwijderd van de loop van de geschiedenis. Het heden wordt de belangrijkste tijd van allemaal, omdat het de tijd is van veelvoudige ervaringen. Dit is echter niet zomaar gratuit hedonisme; het is eerder een opstand tegen de absurditeit van het lot.

De mens deelt het lot van de twee helden uit de Griekse mythologie Prometheus en Sisyphus, die tot de eeuwige straf werden veroordeeld omdat ze in opstand waren gekomen tegen de goden. Anders dan in de mythologische versie ziet Camus in het absurde gebaar van Sisyphus een zekere vorm van geluk. Immers, wanneer hij zich bewust wordt van zijn onvermijdelijke lot, ervaart de held een zekere vreugde in de wetenschap van zijn helderheid.

> *"Dit universum voortaan zonder meester lijkt hem niet steriel of futiel. Elk atoom van die steen, elke minerale schilfer van die nachtelijke berg, vormt op zichzelf een wereld. De strijd zelf naar de hoogte is genoeg om het hart van een man te vullen. Men moet zich voorstellen dat Sisyphus gelukkig is"* (p. 123).

Op dezelfde manier raadt Camus mannen aan te leren leven met het absurde, omdat het hen naar geluk kan leiden.

DE CYCLUS VAN HET ABSURDE

De cyclus van het absurde maakt deel uit van Camus' oeuvre, en omvat de roman *De vreemdeling*, het essay *De mythe van Sisyphus* en de toneelstukken *Caligula* en *Het misverstand*. Het overdenkt de kwestie van het absurde en de afwezigheid van betekenis in het leven. Deze werken hebben bepaalde thema's gemeen. De relatie tussen essay en verhaal is voor Camus inderdaad van het grootste belang. Volgens hem is een centrale diepzinnige gedachte essentieel voor een fictie-werk. Deze band tussen filosofie en literatuur is zo sterk dat de twee domeinen elkaar wel moeten overlappen.

The Stranger en *The Myth of Sisyphus* onderzoeken de grond-slagen en de gevolgen van het absurde. De roman illustreert niet de ideeën die in het essay worden uiteengezet, maar gebruikt de ervaring die erin wordt beschreven: namelijk die van de scheiding tussen de sterfelijke mens en de maatschappij. Via het hoofdpersonage van *De vreemdeling* roept Camus inderdaad het beeld op van de verbannen mens, een thema dat ook in *De mythe van Sisyphus* aanwezig is. Het essay kan dus niet zonder de roman. Sartre vergelijkt de twee werken in "An Explication of *The Stranger*":

"De vreemdeling, de eerste die verschijnt, dompelt ons zonder commentaar onder in het 'klimaat' van het absurde: het essay komt dan en verlicht het landschap. Welnu, absurditeit betekent scheiding, tegenstrijdigheid. *De vreemdeling moet* dus een roman zijn van tegenstrijdigheid, scheiding en desoriëntatie" (Sartre, An Explication of *The Stranger*, p. 114).

De roman volgt het verhaal van Meursault, een jonge kantoormedewerker die net zijn moeder heeft verloren. Hij komt langzaam tot de conclusie dat het leven geen zin heeft, dat hij slechts een radertje is in de grote machine van de maatschappij. Hij is een man zonder ambitie die vastgeroest is. Hij laat zich meeslepen door de gebeurtenissen en wordt per ongeluk een moordenaar – hij doodt een man omdat hij verblind is door de zon. Verbijsterd begrijpt hij niet wat hem overkomt en probeert zich niet te verdedigen of zelfs zijn eigen leven te redden: hij wordt ter dood veroordeeld.

Meursault lijkt op de absurde man die Camus beschrijft in *De mythe van Sisyphus*: hij is een vreemdeling in de maatschappij. Hij is een man van gewoonte wiens typische dag voldoet aan de beschrijving in het essay: "Opstaan, tram, vier uur op kantoor of in de fabriek, maaltijd, tram, vier uur werken, maaltijd, slaap, en maandag dinsdag woensdag donderdag vrijdag en zaterdag volgens hetzelfde ritme – dit pad wordt meestal gemakkelijk gevolgd" (p. 12).

Meursault probeert nooit te ontsnappen aan deze keten van routine en absurde gebeurtenissen en wordt pas aan het eind van zijn leven wakker; omgekeerd komt de man in *De mythe van Sisyphus* ruim voor zijn dood in het reine met zijn toestand. De opeenstapeling die zijn werkdag symboliseert (opstaan, tram enz.) komt in het essay tot een einde met een bewustwording: "Maar op een dag duikt het "waarom" op en begint alles in die met verbazing getinte vermoeidheid" (p. 13). In zijn essay noemt Camus de mannen die wakker zijn geworden: de Don Juan, de acteur enzovoort. In zekere zin toont hij de manier van denken en de weg die men moet gaan om zich van het absurde te bevrijden.

In *De mythe van Sisyphus* noemt Camus de vraag naar duidelijkheid die de mens verlangt in zijn relatie met de wereld. Ons hele wezen vraagt om betekenis, zowel in het echte leven als in ons persoonlijke leven: "De wereld begrijpen voor een mens is haar reduceren tot het menselijke, haar stempelen met zijn zegel" (p. 17). Dit "heimwee naar eenheid, die hang naar het absolute illustreert echter de essentiële impuls van het menselijk drama" (Ibid.), aangezien het leven zelf absurd is. Op dezelfde manier probeert het hof – en ook de lezer – in *De vreemdeling* de zin van de misdaad van Meursault te achterhalen en zijn daden enige samenhang te geven, terwijl Meursault daar zelf niet toe in staat is: afgezien van de verblindende zon heeft hij geen rechtvaardiging. Zijn daad heeft geen zin, want het leven is absurd, maar het hof is niet in staat deze realiteit te horen en probeert daarom tevergeefs een reden voor de moord te vinden.

Aan het eind van het proces wordt Meursault dan ook ter dood veroordeeld. Hierdoor kan hij eindelijk begrijpen en vrede hebben met het leven: pas in het aangezicht van de dood aanvaardt hij zijn vreemdheid en daarmee de absurditeit van de wereld. Bijgevolg ontwaakt hij vlak voor zijn dood, in tegenstelling tot de man in *De mythe van Sisyphus*, die in het reine komt met zijn toestand zodra hij beseft dat het leven absurd is.

De Mythe van Sisyphus verwijst met de voorstelling van de absurde mens dus terug naar het verhaal van Meursault in *De vreemdeling*. Maar terwijl Camus in zijn roman het geval ontwikkelt van de man die niet in opstand komt en zich onderwerpt aan het absurde, brengt hij in zijn essay een veel positievere boodschap over. Hij wil de lezer het absurde en de drie gevolgen daarvan laten zien: opstand, vrijheid en hartstocht.

OPSTAND

Aan het eind van *De mythe van Sisyphus* somt Camus de gevolgen op van het begrijpen van het absurde: "Zo trek ik uit het absurde drie gevolgen, die mijn opstand, mijn vrijheid en mijn passie zijn. Door de loutere activiteit van het bewustzijn verander ik in een levensregel wat een uitnodiging tot de dood was – en ik weiger zelfmoord" (p. 64).

Volgens Camus is opstand de enige manier om te leven in een absurde wereld. Hij ziet Sisyphus als gelukkig omdat hij in opstand komt tegen de goddelijke wetten en verantwoordelijkheid neemt voor zijn daad. Hierdoor bevrijdt hij zichzelf van de goden en wordt hij vrij om het lot te leven dat hij voor zichzelf heeft gekozen: hij is niet langer veroordeeld om de rots naar de top van de berg te dragen, maar kiest ervoor om het te doen, waardoor hij meester wordt over zijn eigen lot. De eeuwige arbeid van Sisyphus staat dus voor de menselijke conditie. Ieder van ons is vrij om te kiezen om het te ondergaan of niet.

> *"De arbeider van vandaag werkt elke dag van zijn leven aan dezelfde taken, en dit lot is niet minder absurd. Maar het is alleen tragisch op de zeldzame momenten dat het zich bewust wordt. Sisyphus [...] kent de hele omvang van zijn ellendige toestand: daar denkt hij aan tijdens zijn afdaling. De luciditeit die zijn marteling zou vormen, bekroont tegelijkertijd zijn overwinning"* (p. 121).

Camus legt in zijn essay dus de oorzaak en het fundament van de opstand. *De Mythe van Sisyphus* is dus verbonden met de cyclus van opstand, die bestaat uit *De Pest* en *De Rebel*. Bovendien kan dit laatste essay worden gelezen als een reactie op De mythe *van Sisyphus*. In *De rebel* ontwikkelt Camus een idee dat vergelijkbaar is met dat van zijn essay uit 1942: zonder opstand is de mens zich niet bewust van zijn vrijheid. In dit werk begint de auteur met het morele doel van de opstand en verankert dat in de historische context van die tijd. De mens wordt dus gezien binnen het volk; hij moet in opstand komen tegen de slavernij in de hedendaagse maatschappij. Het is dus een collectieve opstand die Camus ertoe brengt te zeggen: "Ik kom in opstand, daarom bestaan wij" (*De Rebel*, 2000).

Dankzij de opstand en het besef van de absurditeit van het leven ervaart de mens ware vrijheid, omdat hij de wereld met frisse ogen en in alle helderheid ziet. Op dit punt komen we bij het derde gevolg: hartstocht. "Zich bewust van zijn leven, zijn opstand, zijn vrijheid, en tot het maximum, is leven, en tot het maximum" (p. 63). De hartstocht vergroot inderdaad het aantal ervaringen dat de mens kan hebben.

De mythe van Sisyphus speelt dus een belangrijke rol in het werk van Camus, omdat zij fungeert als schakel tussen de cyclus van het absurde en de cyclus van de opstand. Om zijn overpeinzingen handen en voeten te geven, gebruikt de auteur de mythische figuren Sisyphus (*De mythe van Sisyphus*) en Prometheus (*De rebel*). Het gebruik van deze twee personages is niet toevallig. In *De mythe van Sisyphus* personifieert Sisyphus de absurde mens en in *De rebel wordt* hij gebruikt om de opstand te verbeelden. In feite belichamen Sisyphus en Prometheus de twee tijden van opstand: de eerste weigert op individueel niveau de toestand die de goden hem opleggen; de tweede steunt de zaak van de mens en zet hem aan tot vrijheid. Sisyphus is dus een sleutelfiguur die het absurde verbindt met opstand.

Camus neemt dus een oude mythe en past die aan om er een moderne betekenis aan te geven, in overeenstemming met zijn eigen ideeën. In feite wil de auteur met zijn essay, dat hij tijdens de Tweede Wereldoorlog heeft geschreven, onze ogen openen. In een brief uit 1939 legt hij uit dat: "De mensen zeggen 'Het is absurd'. En dan gaan ze belasting betalen of sturen ze hun dochter naar een particuliere religieuze school. Ze denken dat de zaak klaar is als ze zeggen 'het is absurd'. In werkelijkheid begint het pas" (Politis, 2009: p. 225). Deze ene gedachte gaf aanleiding tot de hele cyclus van het absurde en de revolte. Dankzij zijn filosofie van het absurde wil de auteur mensen helpen zich bewust te worden van het absurde en zo tot vrijheid te komen: "En wat ik hieruit [uitgangspunt] wil putten is een bepaalde menselijke, helderziende manier van denken, een in de tijd beperkt denken – een bepaald gedrag waarbij het leven gewapend zal zijn voor zichzelf en niet voor de dagdromen die het voorwendt" (Ibid.). In die zin is Camus een humanistisch auteur, in de moderne zin van het woord, die een solidaire moraal verheerlijkt tegenover een onredelijke wereld.

VERDERE REFLECTIE

ENKELE VRAGEN OM OVER NA TE DENKEN…

- Wat is het absurde, zoals Camus het ziet?

- Wat is volgens Camus een "absurde man" en wat zijn de drie rollen die hij kan aannemen?

- Hoe ondersteunt het schrijven van de auteur wat hij zegt?

- Hoe is *De Mythe van Sisyphus* opgebouwd? Geef er commentaar op.

- Waarom heeft Camus zich volgens u voor dit essay laten inspireren door mythen?

- Kan een parallel worden getrokken tussen het gevoel een buitenstaander te zijn in de wereld die de mens ervaart, in het werk van Camus, en wat Roquentin, de hoofdpersoon van Sartre's *Nausea*, voelt?

- Wat is het verschil tussen Camus' opstand en Sartre's revolutie?

- Kan de opstand van Camus worden omschreven als een "drama van het atheïstisch humanisme", zoals in de titel van een boek van Henri de Lubac (Franse jezuïetentheoloog, 1896-1991)?

- Hoe verhoudt *De Mythe van Sisyphus zich* tot de rest van Camus' werken? Met welke andere boeken van Camus is het te vergelijken?

- Pascal (Frans wiskundige, natuurkundige en schrijver, 1623-1662) en Camus erkennen dat de ervaring van de limiet onlosmakelijk verbonden is met de menselijke conditie. Pascal meent dat het ongeluk voortkomt uit de erfzonde van de mens, terwijl Camus de contingentie, de immanentie en de kwetsbaarheid van het leven aanvaardt: "Het absurde is de lucide rede die haar grenzen opmerkt." Vergelijk hun standpunten.

VERDER LEZEN

REFERENTIE-UITGAVE

Camus, A. (1955) *De mythe van Sisyphus: En andere essays*. Trans. O' Brien, J. New York: Vintage Books.

REFERENTIESTUDIES

Camus, A. (2000) *De rebel*. Trans. Bower, A. Bungay: Penguin Modern Classics.

Cruickshank, J. (1998) Albert Camus. *Encyclopedia Britannica*. [Accessed 10 March 2017]. Beschikbaar via: < https://www.britannica.com/biography/Albert-Camus>.

De redactie van Encyclopædia Britannica. (1998) Sisyphus. *Encyclopedia Britannica*. [Accessed 10 March 2017]. Beschikbaar via: < https://www.britannica.com/topic/Sisyphus>.

Homerus. (1996) *De Odyssee*. Trans. Robert Fagles. New York: Viking Penguin.

Mounier, E. (1948) *Existentialistische filosofieën – een inleiding*. Trans. Blow, E. Londen: Rockliff.

Politis, H. (2009) Le Mythe de Sisyphe d'Albert Camus, ou l'absurde comme outil de résistance. *Philosopher en France sous l'Occupation: actes des journées d'études organisées à la Sorbonne, 2000-2002.* Parijs: Publications de la Sorbonne. p. 225.

Schmidt, J. (1983) *Larousse Griekse en Romeinse Mythologie*. Trans. O'Halloran, S. New York: McGraw-Hill Education. p. 252.

*We horen graag van jou! Laat
een reactie achter op jouw online bibliotheek
en deel je favoriete boeken op social media!*

www.50minutes.com

Master ISBN: 9782808687638
Papier ISBN: 9782808699037
Wettelijk depot: D/2023/12603/1183

Omslag: © Primento

Digitaal ontwerp: Primento, de digitale partner van uitgevers.